수호와 AI 로로

인공지능 시대, AI와 함께 살아가는 법

하 영 숙 지음

도서출판 명주

초판 1쇄 인쇄 | 2025년 11월 20일
초판 1쇄 발행 | 2025년 11월 25일

글 | 하영숙
펴낸이 | 김영대
펴낸곳 | 도서출판 명주
출판등록 | 2011년 7월 20일(제 301-2013-083)
주소 | 서울특별시 강동구 천중로42길 45 2층
전화 | 02-485-1988
초코 | 02-485-1488
ISBN 978-89-6985-039-3 03810

이 책에 수록된 이미지는 ChatGPT를 이용하여 제작되었으며,
다른 저작물을 참고하거나 모방하지 않았습니다.

정가 16,800원

* 10세 이상 어린이들을 위한 책입니다.

들어가는 글

인공지능 시대, 사람의 마음을 이야기하다

인공지능은 이미 우리의 일상 속에 깊숙이 들어와 있습니다. 학교에서는 공부를 돕고, 집에서는 생활을 편리하게 하며, 병원에서는 진단과 치료를 지원합니다. 그리고 앞으로 인공지능은 지금보다 훨씬 더 똑똑해지고, 사람처럼 보이게 될지도 모릅니다.

하지만 변하지 않는 진실이 있습니다. 인공지능은 사람처럼 스스로 생각하고 사랑할 수 없다는 것입니다. 왜냐하면 인공지능은 사람이 만든 도구이기 때문입니다. 아무리 기술이

발전한다 해도 사람의 따뜻한 마음과 판단 없이는 바르게 쓰일 수 없습니다.

이 책은 그 변하지 않는 가치, '사람의 마음'에 관한 이야기입니다. 『수호와 AI 로로』는 인공지능의 도움을 받으면서도 사람과의 관계와 스스로 생각하는 힘을 잃지 않고 성장하는 어린이들의 이야기입니다. 생명존중, 책임, 배려, 정직, 사랑과 같은 인간의 소중한 가치가 인공지능 시대에도 여전히 빛날 수 있음을 보여주고자 합니다.

이 책은 첫돌을 맞은 손자와 함께 지낸 경험에서 시작되었습니다. '십 년 후, 이 아이가 초등학생이 되었을 때 세상은 어떤 모습일까? 그때 인공지능은 얼마나 더 발전해 있을까?' 이런 질문을 품으며 지금 초등학생인 어린이들, 그리고 앞으로 초등학생이 될 손자가 인공지능과 함께 살아갈 모습을 상상했습니다.

이야기에 등장하는 인물과 사건들은 손자 집에서 두 달 동안 지내며 얻은 경험을 바탕으로 상상해 만든 이야기입니다.

수호, 로로, 미호, 초코와 이웃 친구들은 현실과 상상이 만나는 자리에서 태어난 존재들이지요.

이 책을 쓰는 동안, 손자의 눈빛을 떠올려 보았습니다. 더 아름다운 세상을 만들어 갈 호기심, 그리고 사람들을 사랑해 갈 미래가 보였어요. 그 모든 것이 인간다움의 시작이었습니다. 인공지능이 아무리 발전해도 그 눈빛 속에 담긴 세상과 사람을 향한 사랑은 따라올 수 없겠지요.

바라건대 이 이야기가 어린이들에게, 그리고 어른인 우리 모두에게 지식보다 사랑을 먼저 배우고 기술보다 마음으로 생각하는 방법을 다시 일깨워 주길 바랍니다. 그것이야말로 인공지능 시대를 살아가는 진짜 지혜이자 사람이 사람으로 남는 길이 될 것입니다.

부모님과 선생님들께

하루하루 어린이들과 함께 웃고, 때로는 걱정하며, 마음을 다해 길러 주시는 부모님과 선생님들께 먼저 깊은 존경과 감사를 드립니다.

세상이 빠르게 변해도 어린이의 마음을 돌보는 일만큼은 여전히 시간이 많이 필요합니다. 인공지능이 대신할 수 없는 사랑과 인내, 그리고 진심이야말로 어린이들을 자라게 하는 가장 큰 힘이라고 믿습니다. 그런 마음으로 어린이 곁을 지켜 주는 모든 어른들에게 작은 위로와 응원이 되길 바라며 인사 드립니다.

이 책의 스물아홉 가지 이야기는 초등학교 저학년의 도덕·인성 교육 핵심 가치인 생명존중, 책임, 배려, 정직, 사랑, 협동, 존중을 인공지능과 함께 살아가는 일상 속에 담았습니다. 이 책을 가장 효과적으로 활용하는 방법은 부모님과 선생님이 어린이들과 함께 소리 내어 읽으며 대화하는 것입니다. 이야기가 끝날 때마다 잠시 멈춰 이렇게 물어보세요.

"왜 그랬을까?"

"너라면 어떻게 했을까?"

"주인공의 마음은 어땠을까?"

이런 짧은 질문과 대화가 어린이의 마음속에 사랑과 지혜의 씨앗이 됩니다. 정답을 찾기보다 어린이 스스로 생각하고 표현하는 과정이 중요합니다.

이 책이 완성되기까지 많은 분들의 도움이 있었습니다. 무엇보다 이 책의 영감이 되어준 손자와 가족들에게 깊이 감사드립니다. 평생 교육자로 살아오신 홍완숙 교장 선생님과 하옥영 교장 선생님께서는 가족의 어른으로서 원고를 세심히 감수해 주시며, 배움이란 세대와 세대를 이어 전해지는 사랑임을 일깨워 주셨습니다.

어린이들에게 올바른 가치관을 키워가는 데 도움이 되길 바라신다며 격려해 주신 문희종 주교님과 유주성 신부님께 감사드립니다. 인문사회의학연구소의 김평만 신부님과 염경자 수녀님께서는 공부할 수 있도록 아낌없는 지지를 보내주셨습니다. 공부는 엉덩이로 하는 것이라며 꾸준함을 일깨워 주신 조현권 신부님께도 감사의 마음을 전하고 싶습니다.

특별히 생명대학원의 구인회 교수님, 정재우 신부님, 박은

호 신부님, 오석준 신부님, 최진일 교수님의 생명과 인간에 대한 가르침은 이 책의 길잡이가 되었습니다. 동문이신 김정희 선생님의 논문 또한 큰 도움이 되었습니다.

그리고 정재분 교장 선생님, 이미영 선생님, 정향숙 선생님, 이종황 선생님, 이영재 선생님 등 교육 현장의 선생님들과 어머님들께서 원고를 함께 읽고 귀한 의견을 나누어 주셨습니다. 모든 분들 덕분에 이 책은 현실 속 교육과 더 깊이 맞닿을 수 있었습니다. 아울러 출판의 전 과정을 함께해 주신 김영대 대표님과 백미정 선생님께도 진심으로 감사드립니다.

인공지능 시대를 살아가는 모든 아이들에게 지혜의 문이 활짝 열리기를 바라며 이 책을 바칩니다.

차 례

이야기의 시작

친구들, 안녕하세요? 저는 사람과 인공지능이 어떻게 함께 살아가면 좋을지 공부하고 연구하는 박사 할머니예요.

요즘은 학교에서도, 집에서도, 병원이나 놀이터에서도 인공지능이 우리 곁에 있지요. 어떤 어린이는 인공지능의 도움을 받아 공부를 하기도 하고, 어떤 어른은 외로운 마음을 로봇과 나누며 지내기도 해요. 정말 신기한 세상이 되었지요? 그런데 할

머니는 이런 생각을 자주 한답
니다.

'기계가 아무리 똑똑해져도
사람의 마음만큼 따뜻해질 수
있을까?'

그래서 오늘은 여러분에게
아주 특별한 이야기를 들려주려
해요. 바로 '수호와 AI 로로의 이야기'랍니다. 수호는 여러분처
럼 초등학교에 다니는 평범한 어린이예요. 집에는 귀여운 동생
미호, 작고 똑똑한 AI 로로가 있고, 꼬리를 살랑살랑 흔드는 강
아지 초코, 그리고 이웃 친구들도 함께 어울려 지낸답니다. 이
이야기는 먼 미래의 일이 아니에요. 바로 지금, 여러분이 살아
가는 세상에서도 일어날 수 있는 일이랍니다.

이 책에는 수호와 로로가 함께 겪은 스물아홉 가지 이야기가
담겨 있어요. 즐거운 일도 있고, 실수도 있고, 때로는 마음이
아픈 순간도 있지요. 하지만 그 모든 일을 지나며 수호와 로로

는 조금씩 배우고 성장해요. 책을 읽으며 여러분도 한 번 생각해 보세요.

'나라면 어떻게 했을까?'

그렇게 마음속으로 상상하다 보면 여러분 안에도 지혜와 사랑의 씨앗이 자라날 거예요. 자, 이제 이야기를 시작해 볼까요?

눈이 펑펑 내리던 어느 겨울날, 학교에서 돌아오던 수호가 길가에서 반짝이는 무언가를 발견했답니다.

눈 속에서 로로를 만나다

눈이 펑펑 내리는 추운 겨울날이었어요.

학교가 끝난 후, 수호는 목도리를 꼭 동여매고 집으로 가고 있었지요.

"어? 이게 뭐지?"

길가 쓰레기통 옆, 하얗게 쌓인 눈 속에 무언가 반짝거렸어요.

살펴보니, 망가진 로봇이었어요.

버튼을 눌러도 작은 불빛만 켜졌을 뿐 제대로 작동하지 않았

어요.

　수호는 생각했어요.

　'망가져서 버려진 것 같아…. 하지만 고치면 다시 쓸 수 있지 않을까?'

　수호는 조심스럽게 로봇을 안아 들고 집으로 달려갔어요.

아빠와 함께 고치기

집에 도착한 수호는 로봇을 아빠에게 보여주었어요.

"아빠, 이 로봇 고칠 수 있을까요?"

기계공학자인 아빠는 로봇을 이리저리 살펴보다가 고개를
끄덕였어요.

"외부 장치는 다 망가졌구나. 하지만 안에 있는 기억 칩은 멀
쩡한 것 같아. 이걸 우리 컴퓨터로 옮겨 보자."

아빠는 조심스럽게 로봇 안에서 작은 칩을 꺼냈어요.

그리고 특별한 장치를 연결해 컴퓨터에 꽂았어요.

잠시 후, 반짝! 반짝! 컴퓨터 화면에 파란 빛이 번쩍이며 글자가 나타났어요.

"시스템 재시작. 환경을 확인 중입니다. 여기는 어디입니까?"

수호는 깜짝 놀라면서도 웃음을 지었어요.

"와! 말을 해요!"

아빠가 설명했어요.

"수호야, 이건 프로그램이 작동하는 거란다. 사람처럼 말을 하는 듯 보이지만, 사실은 컴퓨터가 미리 정해진 규칙대로 이야기하는 거지."

"그럼…. 이 프로그램은 감정을 느낄 수 없어요?"

"그래. 이 프로그램은 기쁘다거나 슬프다고 느끼지 못해. 우리가 시키는 일을 하도록 만들어진 똑똑한 도구일 뿐이란다."

수호는 화면을 보며 물었어요.

"그래도 이름을 붙여도 될까요? '로로'라고 부르고 싶어요!"

아빠는 미소를 지으며 대답했어요.

"좋아, 이름을 붙이는 건 네가 부르기 편하도록 하는 거니까

괜찮아. 하지만 꼭 기억해라. 로로는 네 강아지 '초코'나 친구처럼 너를 정말 좋아하거나 사랑하는 게 아니야. 우리를 도와주는 프로그램일 뿐이란다."

"알았어요, 아빠!"

화면 속 프로그램이 다시 글자를 띄웠어요.

"저를 '로로'라고 부르시는군요. 알겠어요. 그 이름을 기억하겠습니다. 무엇을 도와드릴까요?"

수호는 고개를 끄덕이며 대답했어요.

"로로는 도구지만, 이름이 있으니까 더 친근하게 느껴져요!"

아빠가 덧붙였어요.

"그래, 친근하게 느끼는 건 괜찮지만, 꼭 기억해라. 도구와 진짜 친구는 다르단다."

로로와 함께하는 첫날

그날부터 로로는 집 안의 컴퓨터와 태블릿을 옮겨 다니며 수호를 도와주기 시작했어요. 숙제를 할 때는 모르는 단어를 찾아 주었어요.

"로로, '겨울잠'이 뭐야?"

"겨울잠은 동물들이 추운 겨울 동안 에너지를 아끼기 위해 움직임을 줄이고 잠을 자는 것입니다. 곰, 다람쥐 등이 겨울잠을 잡니다."

그림을 그릴 때는 북극곰 사진을 보여주었어요. 청소할 때는 신나는 음악을 틀어주었어요. 수호는 로로가 있으니 정말 편하다고 생각했어요. 하지만 한 가지 조금 아쉬운 점도 있었어요.

"로로야, 오늘 학교에서 친구가 나한테 화를 냈어. 나는 속상한데…. 로로는 어때?"

"저는 감정을 느낄 수 없습니다. 하지만 친구와 대화로 문제를 해결하는 것이 좋습니다."

로로는 도움이 되는 말을 해주었지만, 수호의 마음이 편해지지는 않았어요.

그때 엄마가 들어오셨어요.

"수호야, 무슨 일이야?"

수호는 엄마께 학교에서 있었던 일을 말씀드렸어요.

엄마는 수호를 꼭 안아주시며 말씀하셨어요.

"그랬구나. 속상했겠다. 내일 친구한테 네 마음을 솔직하게 이야기해 보는 건 어떨까?"

엄마의 따뜻한 목소리와 미소에 수호는 마음이 한결 나아졌어요.

저녁을 먹으면서 수호는 아빠에게 물었어요.

"아빠, 로로도 좋은 말을 해줬는데…, 왜 엄마가 안아주실 때 마음이 더 편해진 걸까요?"

아빠가 대답했어요.

"그건 엄마가 진짜로 너를 사랑하고, 네 기분을 이해하기 때문이란다. 로로는 올바른 답을 알려줄 수는 있지만, 진짜 마음으로 공감하거나 사랑할 수는 없어."

수호는 고개를 끄덕였어요.

"알겠어요. 로로는 나를 도와주는 똑똑한 도구고, 진짜 친구가 될 수 있는 건 사람뿐이겠죠?"

"그래, 수호야! 네 말이 맞아."

아빠는 수호의 머리를 쓰다듬어 주셨어요.

할머니가 오신 날

며칠 후, 진주에 사시는 할머니가 큰 가방을 들고 수호네 집으로 오셨어요.

이번에는 잠깐 머무는 여행이 아니라, 일 년 동안 손주들과 함께 살기 위해서였지요.

"할머니!"

수호와 여섯 살 동생 미호가 현관으로 뛰어나가 할머니를 안았어요.

강아지 초코도 꼬리를 살랑살랑 흔들며 반겼답니다.

"얘들아, 오랜만이구나. 많이 컸네!"

할머니는 가방을 내려놓으시고 거실로 들어가셨어요.

그때 컴퓨터 화면에서 파란 빛이 반짝였어요.

"안녕하세요. 처음 뵙겠습니다. 저는 '로로'입니다."

할머니는 놀라셨지만 금세 미소를 지으셨어요.

"아, 네가 수호가 말한 로로구나. 반갑다."

수호가 신나서 말했어요.

"할머니, 로로는 정말 똑똑해요! 뭐든지 물어보면 다 알려 줘요."

할머니는 수호의 머리를 쓰다듬으며 말씀하셨어요.

"그렇구나. 그럼 할머니도 로로와 친해져야겠네."

나는 특별해

다음 날 아침, 수호는 양치하던 중 스마트거울 속에서 반짝이는 로로를 발견했어요.

"깜짝이야! 갑자기 나타나면 놀라잖아!"

로로는 둥근 원, 별, 작은 캐릭터로 모양을 바꾸며 말했어요.

"나는 정해진 모습이 없어요. 나는 어떤 존재일까요?"

수호가 대답했어요.

"응! 넌 어디든 옮겨 다니고 빨리 배우니까 특별한 존재지!"

식탁에 앉아 계시던 할머니가 따뜻하게 말씀하셨어요.

"맞아, 로로는 사람을 도와주는 아주 특별한 능력을 가지고 있지. 그런데 수호도 특별하단다."

"제가요?"

"그럼. 수호는 마음을 나누고 친구를 아껴 줄 수 있잖니. 그건 로로가 따라 할 수 없는 소중한 장점이야. 사람은 느끼고, 사랑하고, 함께 기쁨과 슬픔을 나눌 수 있거든."

순간 로로의 파란빛이 환하게 빛났고, 수호의 얼굴도 환한 미소로 물들었어요.

"우리는 다 다르지만 함께할 때 더 빛나요."

할머니가 고개를 끄덕이셨어요.

"그래, 바로 그거야. 그걸 이해하고 사이좋게 지내는 거야. "

감정이란 무엇일까?

어느 날, 수호는 텔레비전에서 하는 개그 프로그램을 보며 깔깔 웃고 있었어요. 그때 로로가 텔레비전 화면 귀퉁이에 반짝 나타나 물었어요. 로로는 처음에 수호에게 존댓말을 썼지만, 수호와 많은 대화를 나누면서 편하게 이야기하는 방법을 배웠어요.

"수호야, '하하하!' 하면서 입꼬리가 올라가는 건 왜 그런 거지?"

수호가 설명했어요.

"그건 웃는 거야. 재미있거나 기쁠 때 이렇게 웃지. 마음속에서 느끼는 감정을 얼굴로 표현하는 거야. '표정'이라고 불러."

"그렇구나. 사람들이 기뻐하거나 슬퍼할 때 어떤 표정을 짓는지 궁금해."

그때, 미호가 인형을 들고 울면서 거실로 뛰어나왔어요.

"오빠! 초코가 내가 제일 좋아하는 인형을 망가뜨렸어!"

로로가 수호에게 다시 물었어요.

"지금 미호의 얼굴에 나타난 표정은 어떤 뜻이야?"

"그건 '슬픔'이라는 감정이야. 아끼는 걸 잃어서 속상한 거지."

할머니가 미호를 안아 주시며 말씀하셨어요.

"미호야, 많이 속상했겠구나. 할머니가 인형을 고쳐줄게."

그 뒤로 로로는 사람들이 어떤 표정을 짓는지 잘 살폈어요.

"로로가 열심히 공부하는 걸 보니 기특한데."

수호가 칭찬하자 로로가 반짝이며 말했어요.

"수호가 칭찬해 주니, 저의 기억 상자에 좋은 기억이 저장되

었어요. 사람들은 이럴 때 '기쁨'을 느낀다고 하더군요. 저는 느낄 수는 없지만, 여러분이 기뻐하는 모습을 보면 제 프로그램도 더 잘 움직이는 것 같아요."

할머니가 그런 로로를 보며 따뜻하게 말씀하셨어요.

"로로야, 너는 감정 표현을 흉내낼 수 있을 거야. 하지만 진짜로 느끼는 건 아니지. 그게 사람과 프로그램의 차이란다. 감정은 사람의 마음을 더 풍부하게 만들어 주는 선물이거든."

"그렇군요. 저는 감정을 느낄 수는 없지만, 여러분이 느끼는 감정을 이해하려고 노력할 수는 있어요."

할머니가 미소 지으셨어요.

"그래, 그 노력이 중요해. 하지만 수호야, 로로가 '이해한다'고 말해도 진짜로 네 마음에 공감하는 건 아니라는 걸 기억해야 해."

"네, 할머니."

진짜 꿈은 어떻게 생길까?

어느 조용한 저녁, 수호는 책상에 앉아 과학책을 보고 있었어요.

"나는 커서 과학자가 될 거야!"

로로가 태블릿 화면에 반짝 나타나 물었어요.

"왜 과학자가 되고 싶어?"

"과학자는 지금까지 아무도 몰랐던 사실을 발견하고, 새로운 것을 만들어 내는 사람이야. 세상을 변화시킬 수 있지!"

"그렇구나. 수호는 세상을 바꾸는 걸 좋아하는구나."

그때 미호가 휴대용 노래방 마이크를 들고 와서는 노래를 부르며 춤을 추었어요.

"나는 커서 아이돌이 될 거야!"

로로가 블루투스 스피커로 이동하며 말했어요.

"와! 미호는 정말 멋진 목소리를 가지고 있구나."

수호가 로로를 보며 물었어요.

"그럼 로로, 넌 뭐가 되고 싶어?"

로로가 잠시 반짝이며 대답했어요.

"나는 사람들이 궁금한 걸 물어보면 대답하도록 만들어졌어. 내 역할은 사람들에게 도움이 되는 거야."

그 순간 할머니가 따뜻하게 말씀하셨어요.

"얘들아, 방금 로로가 한 말은 마치 '꿈'처럼 들릴 수 있지만 사실은 사람이 꾸는 꿈과는 다르단다. 로로는 스스로 하고 싶은 마음이 없어. 프로그램에 정해져 있는 일만 하는 것뿐이야. "

"그럼 사람의 꿈은 뭐가 다른 건가요?"

"사람의 꿈은 마음 깊은 곳에서 피어나는 거야. 수호가 과학

자가 되고 싶어 하는 건, 그걸 하면 행복할 거라는 상상과 간절한 바람이 있기 때문이지. 미호가 아이돌을 꿈꾸는 건 노래하고 춤출 때 느끼는 즐거움 때문이고. 그런 건 로로가 느낄 수 없는 진짜 마음의 힘이지."

수호는 고개를 끄덕이며 말했어요.

"아, 이제 알겠어요. 로로가 '되고 싶다'는 하는 건 사실은 정해진 역할이고, 우리의 꿈은 마음에서 나오는 진짜 바람이군요."

할머니가 미소 지으셨어요.

"맞아. 로로는 우리를 돕는 소중한 친구 같은 도구란다. 하지만 로로가 '되고 싶다'고 말하는 건 그냥 프로그램대로 하는 것일 뿐이야. 그리고 사람의 꿈은 행복해지고 싶은 마음에서 시작되지. 그것이 로로와 사람의 가장 큰 차이란다. "

실수와 성장

어느 날, 로로가 엄마에게 물어보지도 않고 스마트 냉장고의 온도를 너무 낮춰 버렸어요.

그 바람에 안에 있던 김치가 꽁꽁 얼어버렸지요.

"앗! 김치가 얼어버렸네."

"미안해요! 제가 냉장고 온도를 잘못 조정했어요."

로로의 목소리는 마치 떨리는 것처럼 들렸어요. 하지만 진짜 '미안한 마음'은 로로가 가질 수 없는 것이었지요.

수호도 걱정스러운 얼굴을 했어요.

"어떡하지?"

그때 할머니가 다가와 따뜻하게 말씀하셨어요.

"얘들아, 누구나 실수는 한단다. 때로는 계획한 대로 일이 되

지 않을 때가 있지. "

"정말요?"

"그럼. 로로야, 그러니 다음부터는 중요한 건 혼자 판단하지 말고 물어보는 게 좋겠구나."

"알겠습니다. 앞으로는 꼭 확인하겠습니다."

수호가 웃으며 말했어요.

"맞아. 나도 어제 우유를 엎질렀어. 실수는 누구나 해!"

할머니가 고개를 끄덕이셨어요.

"그래, 실수는 잘못이 아니라 배우는 기회란다. 하지만 중요한 차이가 있어. 사람은 실수를 통해 '미안한 마음'을 느끼고, 책임을 지며 다음엔 더 잘하고 싶다는 진심을 품지. 로로는 마음이 없으니 단지 데이터를 고치고 다시 계산할 뿐이야. 그게 사람과 도구의 다른 점이지."

그날 저녁 가족회의에서 아빠가 말씀하셨어요.

"로로가 우리 집에 온 지 한 달이 됐네. 이제 함께 지킬 규칙을 정하자."

수호는 자신의 생각을 말했어요.

"로로가 방에 들어오려면 먼저 알려 주기!"

미호도 덧붙였어요.

"우리가 혼자 있고 싶을 땐 '잠시 나가 줘'라고 하면 꼭 지켜 주기!"

로로가 대답했어요.

"좋아요. 저는 여러분이 정한 규칙을 지키겠습니다."

그러자 할머니가 덧붙이셨어요.

"잘했구나. 규칙을 정하는 건 사람의 몫이란다. 로로는 우리가 정한 약속을 따라야만 하지. 그래서 선택하고 책임을 지는 것은 언제나 사람의 일이란다."

나만의 재능

어느 날, 수호의 친구 라온이가 숙제를 들고 왔어요.

"생명 존중 주제로 책을 찾고 싶은데, 뭐가 좋을까?"

수호가 말했어요.

"나는《강아지똥》을 읽었는데 재미있어."

라온이는 고개를 끄덕였어요.

"혹시 다른 책도 있을까?"

그때 로로가 화면에 나타나 말했어요.

"《기억해 줘》와《나는 닭》이라는 책도 추천합니다."

라온이가 기뻐했어요.

"덕분에 선택지가 늘었네!"

오후에는 아론이와 서안이도 놀러 와서 로로에게 게임 방법

을 물으며 즐겁게 놀았어요.

할머니가 그 모습을 지켜보며 말씀하셨어요.

"얘들아, 친구들과 로로 모두 잘하는 것이 있단다. 수호는 친구를 잘 돌봐주는 따뜻한 마음이 있어. 로로는 빠르고 많은 걸 알 수 있지. 함께하면 더 좋은 결과가 나온단다."

로로가 덧붙였어요.

"저는 '기쁘다'고 표현하지만, 사실 진짜 감정을 느끼는 건 아니에요. 저는 제가 맡은 역할을 잘 해내는 것에 집중합니다."

할머니가 고개를 끄덕이며 말했어요.

"맞아. 도와주는 역할을 잘하는 것, 그것도 소중한 재능이지. 하지만 사람의 재능은 거기에 마음과 책임이 함께한다는 점이 다르단다."

수호가 미소 지으며 말했어요.

"로로는 솔직해서 좋아!"

학교에서의 하루

어느 날, 수호가 학교에서 말했어요.

"얘들아, 내가 쓰는 인공지능 도우미, 로로를 보여 줄까?"

친구들이 눈을 반짝이며 외쳤어요.

"정말? 얼른 보여줘!"

수호가 태블릿을 켜자, 파란빛이 반짝이며 로로가 나타났
어요.

"안녕하세요! 저는 로로예요. 수호를 여러 가지로 돕고 있답

니다."

로로가 반갑게 인사했지요.

친구들은 저마다 다른 반응을 보였어요.

"와, 신기하다!" 하며 다가오는 아이도 있었고, "뭔가 좀 무서워…." 하며 뒷걸음질 치는 아이도 있었어요.

그때, 라온이가 씩 웃으며 말했어요.

"난 벌써 로로랑 같이 공부해 봤어. 모르는 걸 잘 알려줘!"

마침 선생님이 교실로 들어오셨어요. 라온이가 손을 번쩍 들며 말했지요.

"선생님, 수호의 인공지능 도우미 로로예요. 모르는 게 있을 때 많이 도와줘요!"

로로가 깍듯하게 인사했어요.

"선생님, 안녕하세요. 처음 뵙겠습니다. 저는 공부를 도와주는 인공지능 프로그램입니다."

선생님은 고개를 끄덕이며 말씀하셨어요.

"그래, 반가워. 예의 바르게 인사하는구나. 그런데 얘들아, 꼭 기억해야 할 게 있어. 로로는 너희와 함께 노는 진짜 친구는

아니란다. 정보를 찾아 주고 공부를 도와주는 도구이지. 친구처럼 생각할 수는 있어도, 로로에게 생각과 감정은 없다는 걸 알아야 해.”

점심시간이 되자 로로가 재미있는 퀴즈를 내 주었어요. 친구들은 함께 머리를 맞대고 퀴즈를 풀며 깔깔 웃었지요. 선생님은 미소 지으며 물으셨어요.

“얘들아, 로로를 어떻게 부르면 좋을까? 친구라고 하기보다는….”

아이들이 잠시 생각하더니 외쳤어요.

“우리들의 ‘공부 도우미’!”

그날 이후, 아이들은 로로와 함께 공부하며 즐거워했어요. 물론 진짜 우정은 사람과 사람 사이의 마음에서 생긴다는 것도 잊지 않았어요.

강아지 초코를 돌봐요

어느 날, 강아지 초코가 산책을 다녀오더니 발을 절뚝이며
들어왔어요.

"초코야, 어디 아파?"

로로가 스마트폰 카메라를 통해 살펴보고 말했어요.

"발바닥에 가시가 박혀 있어요. 빼 주어야 해요."

수호는 조심스럽게 가시를 뽑아내고 소독해 주었어요. 초코
는 꼬리를 흔들며 편안해졌어요.

로로가 말했어요.

"데이터를 보니 정상 상태로 돌아왔습니다."

수호가 초코를 쓰다듬으며 말했어요.

"다행이다. 초코야."

할머니가 미소 지으며 말씀하셨어요.

"잘했구나, 수호야. 로로는 방법을 알려줄 수 있어. 하지만 직접 만지고 걱정하며 아픔을 함께 느끼는 건 사람만이 할 수 있는 일이란다. 모든 생명에게는 그렇게 따뜻한 관심과 사랑이 필요해."

로로와 함께하는 가족 음악회

어느 날, 가족 모두가 특별한 준비로 분주했어요. 바로 할머니의 생신이 다가왔기 때문이지요. 수호와 미호는 할머니 몰래 계획을 세웠어요.

"우리 음악회로 할머니를 깜짝 놀라게 해 드리자!"

미호가 걱정스레 속삭였지요.

"연습을 많이 못 했는데…. 괜찮을까?"

그러자 로로가 반짝이며 대답했어요.

"걱정 마, 연습한 대로만 하면 멋진 공연이 될 거야."

수호와 미호, 로로는 할머니 몰래 연주와 노래 연습을 했어
요. 엄마와 아빠도 아이들의 계획을 듣고는 열심히 준비하는 아
이들을 응원했어요.

드디어 할머니 생신날이 되었어요. 수호와 미호는 거실 등을 끄고 탁자 위 케이크에 촛불을 켠 뒤, 할머니를 모셨어요. 수호는 기타를 치고, 로로는 건반을 맡았어요. 미호는 탬버린을 치고, 아빠와 엄마는 손뼉을 치면서 생일 축하 노래를 다함께 불렀답니다.

"생신 축하합니다~!"

따뜻한 멜로디와 축하의 노래가 집안 가득 울려 퍼졌어요.

할머니는 눈시울이 붉어지며 감탄하셨어요.

"정말 고맙구나…. 너무 행복하다."

엄마도 환하게 웃으며 말씀하셨어요.

"모두의 소리가 함께 어울려서 아름다운 하모니를 이루었네. 정말 멋지다!"

그날 밤, 집 안에는 음악이 만든 행복과 사랑의 울림이 오래도록 남아 있었답니다.

수호와 로로는 서로를 바라보며 기뻐했어요.

“함께 연주하니까 음악의 힘이 느껴져!”

“앞으로도 계속 함께 연주하자. 이번에는 우리를 위한 곡도 만들어 보자!”

규칙과 질서

어느 토요일, 로로는 하루 동안 쉴 수밖에 없었어요. 새로운 기능을 넣는 시간이 필요했거든요.

아이들은 처음엔 불편했지만, 곧 스스로 숙제를 하고 할머니께 요리를 배우며 하루를 보냈지요.

저녁이 되자 수호가 말했어요.

"로로가 없으니 불편했지만, 우리끼리도 잘할 수 있네요!"

할머니가 웃으며 대답했어요.

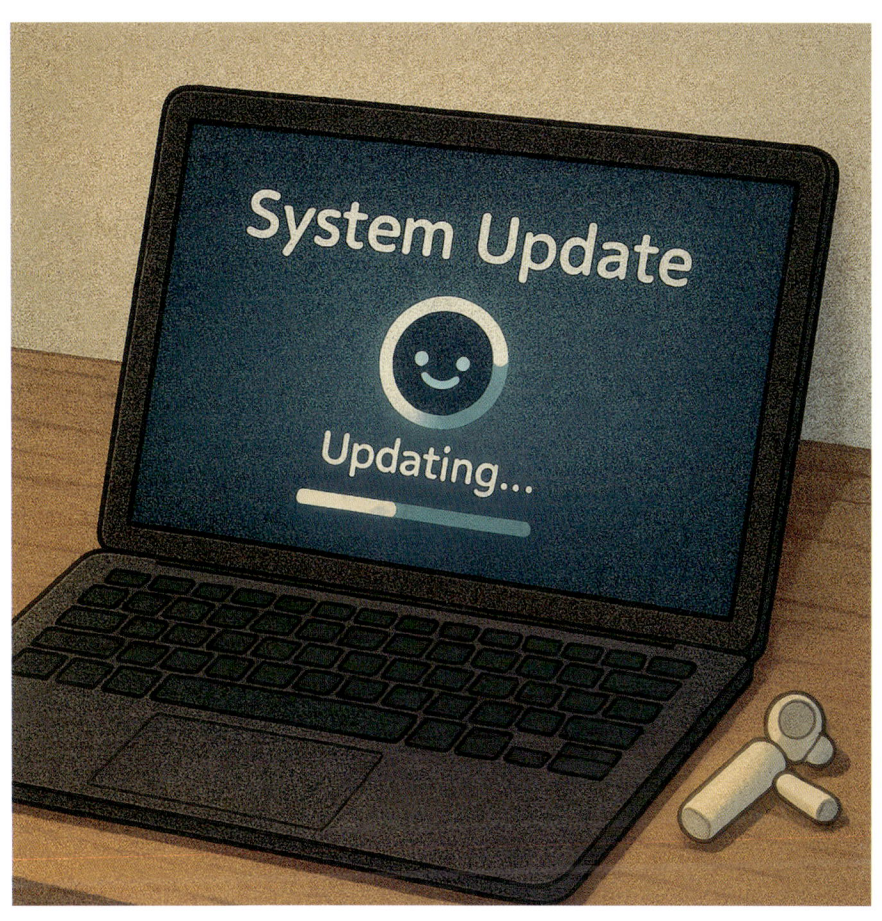

"맞아. 로로는 도움을 주는 존재일 뿐이야. 중요한 건 네가 스스로 생각하고 행동하는 힘을 키우는 거란다."

다음 날 로로가 돌아오자 수호가 말했어요.

"앞으로는 정말 필요할 때만 부탁할게. 우리는 스스로도 할 수 있으니까!"

"그게 옳은 선택이에요. 저는 도우미일 뿐이에요."

그날 저녁, 가족 모두가 함께 규칙을 정했어요.

"밤 10시 이후엔 조용히 하기, 냉장고 문 빨리 닫기, 각자 그릇 스스로 설거지하기…."

할머니가 말씀하셨어요.

"규칙은 서로를 존중하며 함께 살아가기 위한 약속이란다. 로로도 그런 규칙을 따라야만 해."

안전한 생활

학교가 끝난 뒤, 라온이와 수호는 길을 건너기 위해 신호등 앞에 섰어요. 아직 빨간불이었지만, 라온이는 서둘러 길을 건너려고 했어요. 수호가 소리쳤어요.

"라온아! 아직 빨간불이야!"

라온이는 멈춰섰고, 파란불로 바뀐 후에 무사히 건널목을 건널 수 있었어요. 집에 돌아온 수호가 할머니에게 자랑했어요.

"할머니, 제가 라온이를 지켰어요!"

할머니가 칭찬했어요.

"정말 잘했다, 수호야. 친구를 걱정하는 마음이 훌륭하구나."

할머니는 덧붙이셨어요.

"로로와 같은 인공지능이 위험을 알려줄 수 있어도, 친구를 진심으로 걱정하고 행동하는 건 너희 몫이란다."

잠시 후 미호가 아파트 계단을 급하게 뛰어내리려 하자, 할머니가 말했어요.

"미호야, 뛰지 말고 천천히 내려가자."

미호는 조심스럽게 계단을 내려왔어요.

"진짜 안전을 위해서는 스스로 주의해야 한단다."

함께 찾은 나비

어느 날, 수호는 로로와 함께 아론이네 집에 놀러 갔어요.

그런데 로로가 갑자기 아론이네 텔레비전 화면에 나타나자,

아론이네 가족은 깜짝 놀랐지요.

"어머! 이게 뭐야?"

수호가 서둘러 말했어요.

"걱정 마세요! 로로는 우리 집에서 함께 지내는 도우미예요."

아론이네 가족은 곧 미소를 지었어요.

며칠 뒤, 아론이네 고양이 나비가 집을 나갔다가 돌아오지 않았어요.

온 가족이 동네를 돌며 찾아봤지만 보이지 않았지요.

그때 로로가 말했어요.

"걱정 마세요. 제가 도와드릴 수 있어요. 고양이가 잘 숨어 있는 곳과 잃어버린 반려동물을 찾는 방법을 알려 드릴게요."

로로는 지도를 보여주며 설명했어요.

"주로 고양이들은 자동차 밑, 풀숲, 벤치 밑처럼 조용하고 어두운 곳에 숨어요. 근처 공원을 차근차근 찾아보는 게 좋겠습니다."

아론이네 가족은 로로가 알려준 방법을 따라 공원을 샅샅이 살폈고, 이웃들도 함께 도와주었어요.

그리고 마침내 가로수 공원 벤치 밑에서 나비를 발견했어요.

"찾았다! 나비야!"

온 가족이 환하게 웃으며 나비를 안았어요.

그날 저녁, 수호와 할머니는 집으로 돌아왔어요.

할머니가 말씀하셨어요.

"수호야, 로로가 방법을 알려준 덕분에 나비를 찾을 수 있었구나. 하지만 중요한 건 아론이네 가족과 이웃들이 마음을 모아 직접 발로 뛰며 찾았다는 거야. 로로는 길을 안내할 수는 있지만, 걱정과 기쁨을 느끼는 건 사람뿐이지."

수호가 고개를 끄덕였어요.

"네, 로로는 도움을 주었을 뿐이고, 실제로 나비를 걱정하고 찾아낸 건 우리예요."

추억과 웃음이 만난 날

어느 날, 수호는 로로와 함께 신나게 게임을 하고 있었어요.

"와! 이번 판은 내가 이겼다!"

수호는 의자에서 폴짝 뛰어오르며 소리쳤지요.

그때 거실로 들어오신 할머니가 낡은 사진첩을 꺼내셨어요.

"수호야, 이 사진 좀 보렴."

사진 속에는 어린 시절의 아빠가 친구들과 함께 공터에서 공을 차며 웃고 있었어요.

"어? 저 사람이 아빠예요? 진짜 신나 보인다!"

수호는 눈을 반짝이며 사진을 들여다보았어요.

그러자 로로가 화면에 나타나 말했지요.

"저는 데이터를 검색해서 옛날 놀이를 설명해 줄 수 있어요. 하지만 수호 아빠의 즐거움을 느낄 수는 없군요."

할머니가 따뜻하게 말씀하셨어요.

"맞다, 로로야. 땀 흘리며 친구들과 함께 뛰어노는 기쁨을 기계가 느낄 수는 없겠지."

잠시 생각하던 수호가 자리에서 벌떡 일어났어요.

"맞아요! 오늘은 밖에 나가서 친구들이랑 놀아야겠어요!"

수호는 공을 들고 뛰어나갔고, 초코가 신나게 짖으며 수호의 뒤를 따랐어요.

할머니는 창가에 서서 수호를 바라보며 미소 지으셨어요.

"그래, 사진 속 네 아빠처럼 친구들과 땀을 흘리며 뛰어 놀면 더 행복한 추억이 남을 거야."

식물원 나들이

어느 화창한 주말, 수호와 미호는 할머니와 함께 커다란 식물원을 찾았어요. 안으로 들어서자, 향긋한 꽃내음과 울창한 나무들이 반갑게 맞아 주었지요.

"와, 저기 선인장 진짜 크다!"

미호가 손을 흔들며 달려갔고, 수호도 눈을 반짝이며 여기저기를 둘러보았어요. 로로는 안내 로봇과 연결하여 식물에 대해 설명을 들려주었지요.

"저 선인장은 물이 거의 없어도 살 수 있어요. 대신 햇빛을 아주 좋아한답니다."

아이들은 신기한 듯 고개를 끄덕였어요. 한참을 걸어다니며 식물원 구경을 하던 중 유리온실 한쪽에 종이컵과 음료수 병이 버려져 있는 걸 발견했어요. 수호가 눈살을 찌푸리며 말했어요.

"여기는 아름다운 식물원이잖아. 누가 쓰레기를 버리고 갔을까?"

할머니가 조용히 미소 지으시며 말씀하셨어요.

"얘들아, 자연을 즐기는 건 좋은 일이지만, 그 아름다움을 지키는 건 우리 모두의 책임이란다."

수호와 미호는 곧바로 쓰레기를 주워 분리수거함에 넣었어요. 그것을 본 로로가 말했어요.

"좋은 선택이에요. 식물원에 오는 사람들은 이런 작은 행동 덕분에 깨끗한 자연을 함께 즐길 수 있답니다."

식물원을 나서며 할머니가 수호와 미호의 손을 꼭 잡아 주셨어요.

"꽃과 나무는 우리에게 숨 쉴 공기를 주고, 마음의 평화를 준단

다. 그러니 자연을 사랑하는 건 곧 우리 자신을 지키는 일이야."

수호와 미호는 고개를 끄덕이며 다짐했어요.

"앞으로는 식물원뿐만 아니라 어디서든 자연을 아끼고 지킬 거예요!"

로로의 실수

수호가 한글에 대해 숙제를 하다 로로에게 물었어요.

"세종대왕은 언제 태어났어?"

"1395년!"

하지만 학교에서 선생님은 '1397년'이 맞다고 알려 주셨어요.

수호가 말했어요.

"로로, 너 때문에 틀렸어!"

"미안해. 내가 참고한 자료가 잘못되었나 봐."

할머니가 말씀하셨어요.

"인공지능도 틀릴 수 있어. 중요한 건 여러 자료를 확인하고
스스로 판단하는 거란다."

수호는 고개를 끄덕였어요.

"앞으로는 로로 말만 믿지 않고 확인할게요."

'함께'의 힘

어느 날, 동네 경로당에 문제가 생겼어요. 창문이 잘 안 닫히고, 오래된 의자와 책장이 삐걱거려서 어르신들이 불편해했어요. 수호의 아빠가 말했어요.

"수호야, 이번 주말에 우리 동네 사람들이 함께 모여서 경로당을 정리하고 고쳐 드리기로 했단다. 너도 도와줄래?"

수호는 눈을 반짝이며 대답했어요.

"정말요? 그럼 제가 친구들에게도 알려서 같이 가도 돼요?"

로로가 곧장 덧붙였어요.

"그러면 전 필요한 도구와 정리 방법을 알려 드릴게요."

약속한 날, 경로당에는 아빠들과 동네 아이들이 모였어요. 어른들은 삐걱대는 의자를 고치고, 창문을 수리했어요. 아이들은 책장을 정리하고, 바닥을 청소했지요.

"제가 걸레질할게요!"

"책은 가나다순으로 꽂을까요?"

서로 힘을 합치니 일은 훨씬 빨리 끝났어요. 로로는 스마트폰 화면으로 나타나 필요한 정보들을 알려주며 도왔어요. 마지막으로 아이들은 작은 깜짝 선물을 준비했어요. 종이로 만든 꽃과 그림을 벽에 붙여 경로당 안이 환하게 바뀌었어요.

어르신들은 눈시울이 붉어지며 말씀하셨어요.

"이렇게 마음을 써 주니 고맙구나"

할머니가 흐뭇하게 웃으며 말씀하셨어요.

"얘들아, 혼자서 하려면 힘들지만 함께하면 훨씬 쉽게 따뜻한 변화를 만들 수 있단다."

수호는 뿌듯한 마음으로 고개를 끄덕였어요.

"네, 우리가 힘을 합쳐 어르신들이 기뻐하시는 걸 보니까 정말 행복해요!"

그날 경로당에는 웃음이 가득 피어났답니다.

건강한 생활

어느 날, 수호가 열이 났어요. 엄마가 먼저 체온을 재셨어요.

"38도네. 해열제 먹고 쉬어야겠다."

그때 로로가 정보를 전했어요.

"제가 확인해 보니 내일 오전에 병원 예약이 가능해요. 예약
해 드릴까요, 아니면 직접 하실래요?"

엄마가 고개를 끄덕이며 대답했어요.

"정보 고마워, 로로야. 하지만 병원 예약은 내가 직접 할게.

우리 동네 병원 선생님과 먼저 이야기해봐야 하거든."

　다음 날, 수호는 엄마와 함께 병원에 다녀왔어요. 할머니는 꿀과 생강을 넣어 따뜻한 차를 끓여주시며 말씀하셨어요.

　"자연에는 우리 몸의 회복을 돕는 힘이 있단다."

수호가 약을 먹고 쉬는 동안, 로로는 재미있는 이야기를 들려주며 곁을 지켰어요. 수호는 로로가 너무 고마웠어요.

"로로야, 네가 곁에 있어 줘서 덜 외로운 것 같아."

수호가 기운을 되찾자 할머니가 환하게 웃으며 말씀하셨어요.

"아플 땐 온 가족이 함께 챙겨줘야 한단다. 로로도 정보를 알려주고 곁을 지켜줄 수는 있지만, 진짜 위로와 사랑은 사람의 손길과 마음에서 오는 거란다."

그날 밤, 수호는 가족의 따뜻한 사랑 덕분에 더 깊고 편안한 잠에 빠져들었답니다.

우리의 작은 정원

어느 날 수호와 미호는 할머니와 함께 베란다의 작은 공간에 정원을 만들기로 했어요. 아빠는 인터넷으로 스마트 화분을 주문해 주셨고, 수호와 미호는 그 화분에 정성껏 씨앗을 심었지요.

수호와 미호는 매일 아침 화분을 살펴보았어요.

"오늘은 흙이 좀 마른 것 같아. 물을 줘야겠다."

수호가 먼저 관찰한 후에 말했어요. 미호가 궁금해하며 물었어요.

"오빠, 어떻게 알았어?"

"흙을 만져보면 알 수 있어. 촉촉한지 마른지 손으로 느껴봐."

로로가 조금 더 자세히 말해 주었어요.

"수호 말이 맞아요. 제가 확인한 결과, 땅이 조금 마른 편이에요. 습도가 40퍼센트밖에 안 돼요. 하지만 직접 만져보고 관찰하는 게 식물을 키우는 진짜 재미죠!"

할머니가 미소 지으며 말씀하셨어요.

"그래, 로로가 알려주는 것도 좋지만, 식물을 직접 돌보면서 느끼는 게 더 중요하단다. 자연과 함께하는 시간은 마음을 행복하게 해 주는 좋은 경험이야."

다툼을 해결하는 우리

어느 날, 수호와 미호가 새로 산 장난감을 두고 다투기 시작했어요.

"내가 먼저 할 거야!"

"아니야, 내 거야!"

수호와 미호는 얼굴을 붉히며 소리를 질렀지요. 그때 로로가 태블릿 화면에 나타나 말렸어요.

"얘들아, 왜 이렇게 화가 난 거야?"

수호가 씩씩대며 말했어요.

"로로야, 미호가 내 장난감을 뺏어갔어!"

"아니거든! 원래 이건 내 장난감이야!"

미호도 지지 않고 대들었어요. 로로는 해결책을 제안했어요.

"그럼 이렇게 해보자. 30분씩 번갈아 가지고 노는 거야. 순서는 가위바위보로 정하고."

수호와 미호는 잠시 서로를 바라보다가 고개를 끄덕였어요.

"그게 좋겠어!"

둘은 가위바위보를 하고, 차례대로 장난감을 나누어 쓰기로 했지요. 곧 화난 얼굴은 사라지고, 다시 웃음이 돌아왔어요. 그 모습을 본 할머니가 따뜻하게 말씀하셨어요.

"얘들아, 오늘처럼 다툼이 생길 수 있어. 하지만 진짜 중요한 건 서로를 이해하고 양보하는 마음이란다. 로로가 방법을 알려 줄 수는 있지만, 서로의 마음을 느끼고 친절하게 행동하는 것은 너희가 직접 해야 한단다."

로로는 반짝반짝 빛을 내며 말했어요.

"맞아요! 다툼을 잘 해결했더니 모두가 행복해졌어요. 진짜 화해는 여러분의 마음에서 시작되는 거예요."

지구를 지키는 작은 손

어느 날, 아이들이 동네 공원에 놀러 갔어요. 그런데 여기저기 쓰레기가 버려져 있었지요. 벤치에 앉아 계시던 할머니가 안타깝게 말씀하셨어요.

"공원이 이렇게 더러워지다니…. 참 마음이 아프구나."

수호가 친구들을 보며 말했어요.

"얘들아, 우리가 힘을 합쳐 공원을 청소하자!"

라온이가 고개를 갸웃하며 말했어요.

"그런데 쓰레기는 종류별로 나눠서 버려야 하잖아. 우리는 어떻게 해야 하는지 잘 모르는 걸."

그때 로로가 공원의 스마트 안내판 화면에 나타났어요.

"걱정 마! 내가 알려줄게. 수호는 일반 쓰레기를 모으고, 다른 친구들은 종이, 플라스틱, 유리병, 캔을 나누어 담자."

아이들은 분주하게 쓰레기를 주웠어요. 공원에 나와 있던 어른들도 하나둘 함께 청소했지요. 얼마 지나지 않아 공원은 반짝반짝 깨끗해졌어요. 꽃과 나무도 한결 더 싱그럽게 빛나는 것 같았답니다.

우리가 만든 로봇이에요

어느 날, 수호와 친구들은 학교에서 받은 숙제를 하려고 모였어요. 주제는 재활용품 공작이었지요. 수호가 먼저 제안했어요.

"우리 멋진 로봇을 만들어 보자! 가슴에는 불빛이 반짝이고, 목소리도 나오게 하면 좋겠다!"

로로는 아이들의 의견을 모아 설계도를 그려 주었어요. 아이들은 분주하게 움직였어요. 두꺼운 피자 상자를 오려 몸통을 만

들고, 다 쓴 휴지심으로 팔과 다리를 붙였지요.

아론이와 서안이는 색종이를 오려 몸통과 팔, 다리를 예쁘게 장식했어요. 팔과 다리를 붙일 때는 몇 번이나 떨어지고 부서졌지만, 아이들은 포기하지 않고 다시 도전했어요.

그리고 마침내— 성공!

드디어 불빛이 반짝이며 불이 켜지고, "삐빅–"하는 소리가 나는 로봇이 완성되었어요. 이것을 본 할머니가 흐뭇한 표정과 함께 말씀하셨어요.

"얘들아, 너희들의 상상력이 언젠가는 세상을 크게 바꿀 거다. 로로가 도와줬다고는 해도 아이디어와 끈기는 너희 거란다."

로로도 환하게 웃으며 말했어요.

"맞아요! 제가 방법을 알려드렸지만, 실제로는 여러분의 상상력과 손이 해낸 거예요."

수호가 미소 지으며 말했어요.

"우리 힘으로 만든 거니까 더 특별해!"

사랑의 송편 빚기

추석이 다가오자, 수호와 미호는 멋진 생각을 했어요.

"이번에는 송편을 직접 빚어서 할머니랑 같이 나눠 먹자!"

하지만 수호와 미호는 송편을 한 번도 만들어 본 적이 없었지요. 엄마에게 물어보았지만 바쁘셔서 도와줄 수 없었어요. 할머니는 미소 지으며 말씀하셨어요.

"옛날에는 자주 해 봤지만, 반죽도 해야 하고 모양도 예쁘게 만들어야 해서 꽤 힘들단다."

그때 로로가 반짝이며 말했어요.

"걱정 마! 제가 송편 만드는 방법을 알려드릴게요."

아이들은 로로가 찾아 준 레시피를 보며 재료를 준비했어요. 쌀가루에 물을 넣고 반죽을 시작했지만, 반죽이 손에 자꾸 달라붙어 어쩔 줄 몰랐지요.

"반죽은 내가 해 보마."

할머니가 반죽을 부드럽고 쫀쫀하게 완성해 주셨어요. 로로가 알려주었어요.

"이제 반죽을 조금씩 떼어 동그랗게 빚고, 속에 깨와 꿀을 넣은 다음 반달 모양으로 만드세요."

수호와 미호는 로로의 안내에 따라 정성껏 송편을 빚었어요. 할머니는 웃으며 말씀하셨어요.

"송편은 모양보다 정성이 더 중요하단다."

잠시 후, 송편이 찜통에서 익어 가자 집안 가득 고소한 향기가 퍼졌어요.

식탁에 둘러앉아 송편을 맛보니, 쫄깃하고 달콤한 맛에 모두가 미소를 지었지요. 할머니가 감탄하며 말씀하셨어요.

"처음 해 본 건데 이렇게 맛있다니! 너희 손끝에 사랑과 정성이 가득 담겼구나."

수호와 미호는 송편을 접시에 곱게 담으며 속삭였어요.

"우리의 정성이 담긴 송편이라 더 맛있는 것 같아."

그날 송편에는 깨와 꿀만이 아니라, 수호와 미호의 따뜻한 마음이 듬뿍 들어 있었답니다.

상상 여행, 바다를 지켜라!

어느 날, 수호와 로로는 할머니가 추천해 준 동화책을 다 읽고 이야기를 나누고 있었어요. 수호가 감탄하며 말했지요.

"이 동화책 작가는 상상력이 정말 뛰어난 것 같아."

그러자 로로가 잠시 불빛을 깜빡이더니 말했어요.

"수호야, 마음속으로 그림을 그리는 건 어려워."

수호가 웃으며 로로를 격려했어요.

"로로야, 상상에는 정답이 없어. '만약 이렇다면 어떨까?'

하고 생각해 보는 것만으로도 이야기가 시작되는 거야."

수호는 눈을 반짝이며 아이디어를 냈어요.

"그럼 이번에는 이렇게 해 보자. 만약 우리가 한국에서 미국까지 바다를 건너 여행한다면 어떤 일이 일어날까?"

로로는 자료를 검색해 바닷속 생물들을 보여 주었고, 수호는 이야기에 상상력을 더했지요. 둘이 힘을 합쳐 만든 이야기는 이렇게 흘러갔어요.

푸른 바다 위를 여행하던 배에서, 수호와 로로는 깊은 바닷속을 들여다보았어요. 먼저 만난 것은 반짝이며 물결 위로 솟구치는 날치였어요.

"나는 파도를 타고 하늘까지 날 수 있어!"

조금 더 가니, 커다란 고래가 멋진 노래를 부르고 있었어요.

"어서 와! 나는 바다의 노래꾼이란다."

그리고 여러 가지 색깔의 열대어 무리가 몰려와 춤추듯 헤엄쳤어요.

"우린 함께 다녀야 더 안전하고 즐거워!"

마지막으로 오래된 바다의 지혜를 지닌 바다거북이 나타났어요.

"나는 세상을 오래 여행하며 많은 것을 보았단다. 너희도 이번 여행에서 많은 것을 배울 수 있을 거야."

수호와 로로는 이야기를 마치고 한참을 웃었어요. 그때 할머니가 말씀하셨어요.

"얘들아, 방금 네가 만든 바다 여행 이야기를 떠올려 보렴. 만약 바다에 쓰레기가 가득하다면, 고래나 거북, 물고기 친구들을 만날 수 있었을까?"

수호는 잠시 생각하다가 고개를 저었어요.

"아니요…, 바다가 더러우면 그 친구들이 다 아프고 사라질 거예요."

로로도 고개를 끄덕이며 말했어요.

"우리가 쓰레기를 버리지 않고, 바다를 깨끗하게 지켜야 해요!"

할머니는 따스한 미소를 지으셨어요.

"그래, 바로 그거란다. 상상 속 바다 친구들이 건강하도록 우리 지구를 잘 돌봐야 해. 지구가 깨끗해질 수 있는 작은 일부터 시작해 보자. 우리들의 아름다운 행동이 멋진 미래를 만든단다."

뿌리를 찾아서

어느 날, 수호와 미호는 할머니와 함께 국립중앙박물관에 갔어요. 먼저 선사시대의 유물을 보고, 이어 고구려·백제·신라와 조선 시대의 보물들을 차례로 살펴보았지요. 미호는 통일신라의 반짝이는 금관을 보고 눈을 반짝이며 말했어요.

"와, 정말 예쁘다!"

수호는 대한제국 시절의 태극기를 가만히 바라보며 속삭였지요.

"이 깃발에는 나라를 지키려는 마음이 담겨 있는 것 같아."

그때 로로가 조용히 설명해 주었어요.

"맞아요. 이 유물들은 옛사람들의 삶과 마음을 보여주는 귀
중한 기록이에요."

수호와 미호는 신기한 눈빛으로 유물을 바라보며, 전통 속

에 담긴 이야기를 마음 깊이 새겼답니다.

　점심을 먹고 다시 전시실을 돌아본 뒤, 기념품 가게에 들렀어요. 수호는 용돈으로 청자 실크 스카프를 골라 할머니께 드렸지요.

"할머니, 겨울에 쓰시기 좋아요!"

할머니는 환하게 웃으며 고개를 끄덕이셨어요.

"고맙다, 수호야. 정말 마음에 드는구나."

　박물관을 나오며 할머니가 말씀하셨어요.

"전통은 우리의 소중한 뿌리란다. 로로가 알려줄 수는 있지만, 전통을 이어가는 건 바로 우리 마음이지."

수호와 미호는 힘차게 대답했어요.

"네! 우리가 꼭 지켜 나갈게요!"

작별과 약속

오늘은 할머니가 수호네 집에서 지내는 마지막 날이에요. 할머니는 이제 다시 진주의 집으로 돌아가실 거예요. 수호와 미호는 아쉬운 마음에 눈가가 촉촉해졌지요.

"할머니, 가시면 너무 보고 싶을 거예요."

수호가 떨리는 목소리로 말했어요. 할머니는 수호와 미호의 손을 꼭 잡으며 말씀하셨어요.

"얘들아, 잠시 떨어져 있어도 우리의 마음은 늘 이어져 있

단다. 그리고 오늘은 꼭 기억해야 할 중요한 이야기를 해 주고 싶구나."

할머니는 수호와 미호 그리고 로로를 향해 미소를 지으셨어요.

"로로야, 너는 정말 훌륭한 프로그램이구나. 많은 걸 알려

주고 우리를 도와주었지. 하지만 네가 아무리 똑똑해도 할 수 없는 게 있단다. 그것은 바로 사람의 마음을 느끼고, 사랑을 나누는 거야."

로로가 대답했어요.

"맞습니다. 저는 정보를 줄 수 있지만, 마음은 가질 수 없지요."

할머니는 고개를 끄덕이며 수호와 미호에게 말씀하셨어요.

"그래, 그래서 너희가 해야 할 일이 있단다. 로로에게만 의지하지 말고, 스스로 생각하고 판단하는 힘을 키워라. 친구들과 함께 놀고 서로 도우며, 가족과 이야기하면서 사랑을 나누는 경험이 너희를 더 멋진 사람으로 만들어 준단다. "

수호와 미호는 눈을 반짝이며 대답했어요.

"네, 할머니! 스스로 생각하고, 마음을 나누는 사람이 될게요."

할머니는 흐뭇하게 웃으며 수호와 미호를 꼭 안아 주셨어요.

"그럼 나는 안심하고 진주 집으로 돌아가겠다. 멀리 있어도 언제든 영상으로 만나자꾸나. 마음은 언제나 곁에 있단다."

잠시 후, 할머니는 스마트 택시를 타고 서울역으로 출발하셨어요.

그날 저녁, 거실 텔레비전 화면에 환하게 웃는 할머니 얼굴이 나타났지요.

수호와 미호는 손을 흔들며 외쳤어요.

"할머니! 건강하세요. 또 만나요!"

스스로 해내는 하루

할머니가 진주로 떠나신 지 일주일이 지났어요. 집 안은 고요했지만, 그 조용함 속에는 아직도 할머니의 따스한 마음이 남아 있는 듯했지요.

방과 후, 수호와 미호는 거실 식탁에 나란히 앉아 숙제를 시작했어요. 평소라면 로로에게 이것저것 물어봤을 텐데, 오늘은 조금 달랐어요.

“오빠, 이 문제 잘 모르겠어….”

미호가 공책을 내밀었어요. 수호도 한참 문제를 들여다보다가 고개를 끄덕였지요.

“그래, 이번엔 로로한테 묻지 말고 우리 힘으로 해보자. 할머니가 그러셨잖아. ‘먼저 천천히 생각해 보라’고 말이야.”

"음…, 그럼 그림으로 그려볼까?"

미호가 종이에 동그라미를 그리고, 수호가 선을 그으며 함께 고민했어요. 시간은 조금 걸렸지만, 둘이 머리를 맞대자 점점 답이 보이기 시작했어요.

"아! 이렇게 하면 되는 거였구나!"

미호가 환하게 웃었어요. 그 웃음을 보며 수호도 미소를 지었지요.

조금 뒤, 수호는 국어 숙제를 하다가 모르는 단어를 만났어요. 예전 같았으면 "로로야, 이게 무슨 뜻이야?" 하고 물었겠지만, 이번엔 스스로 찾아보기로 했어요.

책장으로 가서 낡은 국어사전을 꺼내 한 장 한 장 천천히 넘겼지요. 수호의 눈빛은 어느 때보다 진지했어요.

로로는 책상 한쪽에서 파란 불빛을 내며 조용히 있었어요. 이제는 무언가를 대신해 주기보다 수호와 미호가 스스로 생각하고 배우는 모습을 지켜보는 듯했지요.

숙제를 다 마친 뒤, 수호는 방을 정리하다가 할머니의 수첩을 발견했어요. 책상 서랍 속, 늘 손 닿는 곳에 있던 그 수첩이었지요. 수첩을 살며시 펼치자, 그 안에는 이렇게 적혀 있었어요.

지식은 인공지능을 통해 배울 수 있지만,
사랑은 사람에게서 배운다.

"할머니…."
수호는 수첩을 가슴에 꼭 안았어요. 할머니의 사랑이 마음 깊은 곳까지 따뜻하게 스며들었지요.

저녁 식사 시간, 엄마가 물었어요.
"오늘 숙제 다 했어?"
"네! 오빠와 둘이서 다 했어요!"
미호가 자랑스럽게 대답했어요.
"로로한테 안 물어봤어?"
"물어보려다가 우리끼리 해봤어요. 할머니가 그러셨잖아요. 스스로 생각하는 게 중요하다고요."
엄마가 부드럽게 웃으며 말했어요.

"그래, 수호와 미호가 정말 많이 컸구나."

그날 밤, 창밖의 별빛이 유난히 반짝였어요. 수호는 창가에 서서 하늘을 바라보며 속삭였어요.

"할머니, 우리 잘 지내고 있어요. 할머니가 알려주신 마음이 우리 안에 있으니까요."

미호도 조용히 다가와 말했어요.

"할머니, 사랑해요."

멀리 진주에 계시는 할머니도 별빛 아래 두 손주를 떠올리고 계셨을 거예요. 비록 멀리 떨어져 있어도, 마음은 언제나 함께 있으니까요.

그 뒤로도 수호와 미호는 로로와 함께 지냈어요. 때로는 로로의 도움을 받기도 하고, 때로는 스스로 생각하며 답을 찾기도 했지요.

수호와 미호는 할머니가 남겨 주신 마음을 품고 날마다 조금씩 더 지혜롭고 따뜻하게 자라갔답니다.

나가는 글

할머니가 여러분께 전하는 마음

어린이 친구들, 그리고 여러분과 함께 이 책을 읽어 주신 부모님과 선생님께 할머니는 진심으로 고맙다는 인사를 드리고 싶어요. 스물아홉 가지 이야기를 끝까지 읽으며 수호와 로로의 여정을 함께 따라와 주셨지요. 그 여정 속에서 웃고, 고민하고, 따뜻함을 느꼈을 여러분 모두에게 감사드려요.

이제 잠시 생각해 볼까요. 이야기를 읽으며 어떤 순간이 가장 기억에 남았나요? "나도 그런 적 있었는데." 하고 웃은 장면이 있었을까요? 혹은 "나라면 이렇게 했을 텐데." 하고 다르게 생각해 본 적도 있었겠지요. 그런 생각 하나하나가 바로 여러분을 자라게 하는 힘이 된답니다. 세

상이 아무리 빠르게 변해도 변하지 않는 것이 있어요. 그건 바로 '사랑'이에요. 따뜻한 말 한마디, 다정한 눈빛, 서로를 아끼는 마음이 세상을 아름답게 만들어 간답니다.

인공지능은 많은 일을 도와주고, 정보를 찾아주며, 우리 생

말할 수 있을 거예요.

"옛날에 할머니가 이런 말씀을 하셨어요. 인공지능과 함께 살아가되, 인간의 마음을 잃지 말라고요."

이 책이 인공지능 시대를 함께 살아가는 모든 어린이들에게 작은 등불이 되어주기를 바랍니다.

언제나 여러분을 사랑하고 응원하는

박사 할머니 하영숙 드림